JN410139

이산 시집

교음사

시인의 말

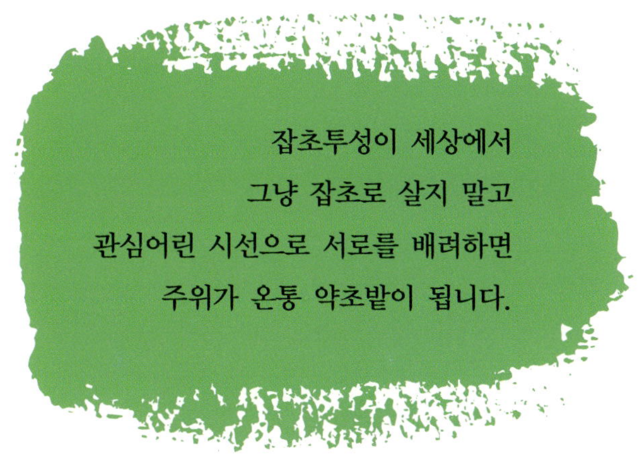

잡초투성이 세상에서
그냥 잡초로 살지 말고
관심어린 시선으로 서로를 배려하면
주위가 온통 약초밭이 됩니다.

이 시집이 나올 수 있도록 창작준비금에 애써 주신 이민호 선생님, 좋은 책 만들어 주신 강병욱 대표님께 감사드립니다.

지리산 아래 산청에서 저자 이 산

| 괴좃나무여름 |

· 이 산 시집

· 차례

1. 예사롭지 않은 줄 누가 알겠나

2. 교묘하게 스며드는 것

3. 괴좆나무여름

1

예사롭지 않은 줄 누가 알겠나

산청목

너의 이파리는 산맥의 진동을 품고 있는 것 같다
너의 부름켜 속으로는 청잣빛 강물이 흐르는 것 같다

빛나는 푸른 것들 모두 모아서

자연의 말씀이 어울릴 것 같고
의연한 자세는 드높은 지조와 같아서

뿌리는 지상에 있으나 정신은 하늘에 있다

감응하는 별의 정기로 이파리를 피우는 것이니
세성(歲星)의 기운으로 화생(化生)을 이룩하는 것이니

인내를 거쳐 연단(錬鍛) 끝에 도달한 약성으로

너를 청해척
산겨릅나무라 부르기도 하고

너의 존재는 청정한 숲에 있으니
예와 의를 갖춘 산청을 닮은 자연의 선비라

산청이여! 하고 부르면 돌아볼 것 같은
깨끗한 마음으로 나란히 스며들 것 같은

그리하여 온전히 치유하는 것
마음을 산처럼 푸르게 하는 것
눈빛을 물처럼 해맑게 하는 것

산청목

과 명 : 단풍나무과 낙엽교목
생약명 : 산겨릅나무
속 명 : 산청목, 벌나무, 청해척
분포지 : 해발 500~1000m의 성긴 숲
채취기 : 껍질은 11월~3월 벗겨 채취한다.
가공법 : 햇볕에 말려 사용한다.
약 효 : 간암, 간경화, 간옹, 간위, 백혈병, 소종(消腫), 화독(化毒), 지혈, 종기, 알콜 해독, 외상출혈, 청혈

산수유山茱萸

새벽같이 달려가서
그대를 보고 싶다

푸른 공기 속으로 노랗게 피어나는
예감의 꿈을 꾸고 싶었다

마디마디 저려 오고 찬바람 나는
서릿발로 번지는 통증을 참아내며

피 끓는 청춘의 불꽃을 살라
축복 같은 등불을 밝혀 주나니

그대 피기 시작하는
새벽 돋는 이른봄이
예사롭지 않은 줄 누가 알겠나

산수유

과　명 : 층층나무과
생약명 : 산수유(山茱萸)
속　명 : 산수육, 석조, 수유, 산채황, 촉산초, 서실, 실조인수, 계족, 육조, 홍조피
채취기 : 열매가 빨갛게 익은 후 채취한다.
가공법 : 씨를 뽑아내고 말려서 사용한다.
약　효 : 허리와 무릎이 시린데, 신기능향상, 신경쇠약, 간염, 음위증, 늑막염, 두통, 유정증, 현기증

달맞이꽃

임을 향한 그리움이
애타는 마음으로 하여금
꽃이 되게 하였다

고샅길을 나서
바람이 닿지 않는 구름을 따라
노란 날개를 하늘에 부쳐 보내어

이제는 기꺼이
먼 나라로 흐르는 파도의 날개처럼
해거름 무렵이면 빛나는 꽃등을 밝힌다

그리하여 밤마다
밤마다
나비처럼 날아올라

임의 가슴께로 다가가는 한 마음이었다

달맞이 꽃

과 명 : 바늘꽃과 두해살이풀
생약명 : 월하향(月下香)
속 명 : 월견초, 큰달맞이꽃, 애기달맞이꽃
분포지 : 귀화식물, 물가, 길가, 빈터
채취기 : 꽃은 6월에, 종자와 뿌리는 7~8월에 채취한다.
가공법 : 종자는 기름을 짜고, 뿌리와 꽃은 씻어 말린다.
약 효 : 고혈압, 감기, 신장염, 인후염, 해열, 신경통, 근육통,
여드름, 습진, 무좀, 비만

하수오(何首烏)

하수오를 아는 이에게
그 잎사귀를 보여 주어라

시간을 거슬러 휘감아 오르는
푸른 심장을 보여 주어라

바람에 흩날리는 백발 같은

수만 갈래 얽힌 당신의 번뇌
쇠약한 기색의 허물을 벗고

다시 젊음이 솟아오를 때

이름을 기억하는 사람의
하수오가 아니라

잎이 기억하는 뿌리까지
보여 주어라

검게 변한 흑발로 보여 주어라

하수오

과 명 : 쌍떡잎식물 마디풀목 마디풀과의 덩굴성 여러해살이풀
생약명 : 하수오(何首烏)
속 명 : 만경(蔓莖), 야교등(夜交藤)
분포지 : 전국 산야에 분포
채취기 : 가을에 채취한다.
가공법 : 큰덩이 뿌리는 2개로 쪼개어 햇볕에 말리거나 배건(焙乾)한다.
약 효 : 강정(强精), 강장(强壯), 모발을 검게한다. 간과 신장을 돕는다. 빈혈, 중풍, 요통, 신경통, 유정, 자궁출혈, 만성간염, 옹종, 치질, 갑상선염.

초피나무

모기를 쫓느라고
멍석을 깔고 누워
쑥 연기를 피우는 것도 좋지만

마당 옆에 있는
초피나무 아래에
자리를 깔고 누워 있기만 해도 좋다

살충제 살 돈으로 초피나무 묘목을 사서
마당가에 빙 둘러 심어 놓으면
나무가 자랄수록, 열매가 익을수록
여러 가지 좋은 일이 생길 것 같다

초피나무

과　명 : 운향과
생약명 : 초피(椒皮)
속　명 : 제피, 재피
분포지 : 경기도 이남의 산지
채취기 : 9~10월 성숙한 열매를 채취한다.
가공법 : 열매껍질(종피), 나무껍질, 뿌리껍질을 말려서 사용한다.
약　효 : 살충, 해독, 소염, 이뇨, 소화불량, 식체, 위하수, 기침, 구토, 이질, 설사, 회충구제, 향신료, 방향제

원추리

산길을 가다가
훤칠하고 시원스런 산 아가씨를 보면
세상의 시름은 사라진다

꽃차를 우려 한 잔을 마시면
마음이 황홀해져서 씻은 듯 걱정 근심을 잊는다

사슴이 먹는 녹총(鹿葱)이라 하여
사슴이 먹는 아홉 가지 약초 중 하나인데

현대인의 화병과 스트레스
사악한 기운이 영혼을 침범하여 생기는
마음병에 즉효다

순우리말로 근심풀이풀,
산 아가씨 원추리 꽃처럼
찡그렸던 눈썹을 활짝 펴고 살아보자

원추리

과 명 : 백합과 여러해살이풀
생약명 : 훤초(萱草)
속 명 : 망우초, 금침채, 등황옥잠, 등황훤초, 의남초, 황화채, 넘나물
분포지 : 전국의 산지 계곡이나 산기슭
채취기 : 어린 싹은 봄에, 꽃은 6~8월에, 뿌리는 가을에 채취한다.
가공법 : 어린 싹은 나물로 먹고, 꽃, 뿌리를 채취하여 씻은 후 잘 말린다.
효 능 : 해독, 우울증, 종기, 이뇨, 부종, 스트레스, 황달, 혈변,
습열, 관흉격

메꽃

교실 한구석에 풍금이 놓여 있다
가만히 다가가서 건반을 눌러본다
미, 레, 도…
겨우 바람 새는 소리 밖에 나지 않는다
목청껏 불러대던 아이들의 노래는 어디로 갔을까
풍금은 삐거덕대며 슬픈 소리만 낸다

누가 걸어 놓았는지
처마 끝에서 명태가 코다리로 말라가고 있다
마른 기침소리가 나는 마루 끝에서
노인이 햇볕을 쬐며 오도카니 앉아 있다
기력이 쇠한 늙은이의 짓무른 눈가에 어둠이 내린다

메꽃의 '메'는 뿌리를 말한다
방긋방긋 피는 메꽃의 볼이 발그레하다
뿌리가 실하면 혈색도 좋다
오래된 풍금처럼 허약한 아이도
코다리처럼 메마른 노인도
메꽃 뿌리를 쪄서 두세 달 먹으면 살이 돋는다

더위에 시달려 기운이 없을 때
메꽃 뿌리를 생즙 내어 마시면 금방 활력을 되찾는다
메꽃의 한자 이름을 선화(旋花)라 하는데

체력도 젊음도 처음으로 되돌려준다는 뜻이겠다
메꽃 뿌리를 쪄서 말려 두고 몰래 혼자 즐기는 사람도 있다

메꽃

생약명 : 선화(旋花)
속 명 : 큰메꽃, 갯메꽃, 애기메꽃
*갯메꽃은 독이 약간 있어 먹지 않는다.
분포지 : 묵은 밭가, 들판
꽃 색 : 연보라색
채취기 : 여름~가을에 채취한다.
가공법 : 뿌리를 씻고 쪄서 말린다. 잎에도 약성이 있다.
약 효 : 체력, 기력증진, 당뇨, 고혈압, 이뇨작용, 변비, 생리불순, 대하증, 기관지염 동맥경화, 신경통, 관절염, 남성 음위증, 양기부족, 여성 불감증, 자양 강장

까마중

용규스님, 출가하신 지도 한 달여가 지나고 있습니다 삭발하실 때도 천진하시던 모습이 눈에 선합니다 지금쯤은 큰스님의 지도 아래 하루 일과를 잘하고 계시겠지요 용규스님께서 단기출가를 떠나시고 난 우리집이 정말 절집같이 고요하기만 합니다

환절기만 되면 잔기침과 비염으로 고통스러워하시던 생각이 나서 텃밭 가에 잘 익은 까마중을 따다가 도라지와 감초를 넣고 달인 약차를 보냅니다 아침저녁 잊지 마시고 드십시오 오늘 같은 가을에는 텃밭에 가서 잘 익은 까마중을 '까까중' 이라고 부르며 고사리 손으로 따 먹던 스님의 보랏빛 입술이 떠올라 저도 모르게 미소를 한번 지어봅니다 이제는 스님이 진짜 '까까중'이 되었다는 사실을 알고나 계시는지요

사실 까마중은 우리 가족들에게 좋은 상비약이었어요 할아버지 할머니의 기침과 가래를 삭여 주었고요 신경통과 관절염치료에도 좋은 효과를 보았습니다. 신경쇠약으로 불면증이 있으신 고모님께 까마중 죽을 쑤어 드렸던 적도 있었네요 아버지와 삼촌들에게는 피로회복제로, 그리고 우리 용규스님이 뛰어놀다가 생긴 타박상에도, 피부가려움증과 간식용으로도 요긴하게 사용되었지요

이제 용규스님께서 백일 동안의 단기출가를 마치고 오시면

더욱 의젓한 우리집 비타민이 되어 주시겠지요 큰스님 가르침에 잘 따르시고 건강하게 생활하셔서 부처님의 자비를 본받아 사람들에게 기쁨을 주는 세상의 상비약이 되어 주시기를 이 에미는 빕니다

까마중

과　명 : 가지과 한해살이 초본
생약명 : 용규(龍葵)
속　명 : 까까중, 까무중이, 깜두라지, 먹딸, 강태, 개꽈리
분포지 : 묵은 밭, 길가, 빈터, 수분이 있는 곳
채취기 : 6~9월에 전초(잎, 줄기, 뿌리 등 온 포기)를 채취한다.
가공법 : 씻어서 잘게 썰어 말린다.
약　효 : 기침, 기관지염, 무좀, 습진, 피부병, 각종 염증, 옹종, 종기, 악창, 위암, 식도암, 자궁암, 폐암, 불면증, 신경쇠약, 부종, 양기부족, 여성 불감증, 자양 강장

흰민들레

주체할 수 없는 서원(誓願)이 북받쳐 오를 때
바닥에 엎드려 자신을 한없이 낮추는 기도가 있다

가슴 저린 세상의 비애가 몰아닥칠 때
공허한 메아리가 아니었으면 하는 고백의 기도가 있다

진심이 담긴 작은 기도 말 한 구절
마땅히 도달하기를 바라는 통회의 기도가 있다

애절한 간구를 위하여 입술이 꽃잎처럼 떨릴 때
비로소 기도의 말문이 트여
지상의 소망 홀가분히 날아오른다

흰민들레

과 명 : 국화과 여러해살이풀
생약명 : 포공영
속 명 : 앉은뱅이, 산민들레, 좀민들레
분포지 : 전국의 산과 들
채취기 : 어린 잎 - 봄, 뿌리 및 전초 7~9월에 채취한다.
가공법 : 어린잎은 나물로, 뿌리와 전초는 씻어서 말린다.
효 능 : 아토피, 해열, 소염, 이뇨, 건위, 인후염, 기관지염, 임파선염, 안질, 유선염, 간염, 담낭염, 소화불량, 소변불리, 변비, 정창(疔瘡)

구기자 · 1

일월에 뿌리 캐서 이월에 달여 먹고

삼월에 줄기 잘라 사월에 달여 먹고

오월에 잎을 따서 유월에 차 우려 먹고

칠월에 꽃을 따서 팔월에 꽃차 먹고

구월에 과실 따서 섣달까지 끓여 먹네

구기자

과　명 : 쌍떡잎식물 통화식물목 가지과의 낙엽관목
생약명 : 구기자(枸杞子)
속　명 : 괴좆나무여름
분포지 : 마을 근처의 둑이나 냇가
채취기 : 8~9월에 채취한다
가공법 : 물에 살짝 헹구어 말린다.
효　능 : 만성간염, 간경변, 신장, 유정(遺精), 대하(帶下), 면역기능향상, 항암, 노화방지, 폐, 간, 시력 *열이 있는 사람에게는 금한다.

오미자(五味子)

계곡 지나가는 바람을 앉혀 놓고
판소리 한마당을 풀어 헤치며
햇볕 한 사발씩 들이키며 헹궈 낸 물소리지

서로의 등을 쓰다듬으며
세상의 쓴맛이란 쓴맛 모조리 참고 견디며
삭이고 삭여서 빚어 낸 거지

그렇게 몸속으로 향이 배이고
가슴으로 올각올각 발색이 되어
희로애락 초월하여 발효된 한 생을

당신도 오묘한 이 맛을 낼까
나직이 우려내어 한 잔을 마시면
창공으로 단정학 한 마리 날아오르는

하늘엔 이미 익은 노을이 물들어
천천히 아랫배가 뜨거워지며
정수리에 떠오르는 휘영청 붉은 달

오미자

과 명 : 목련과 낙엽덩굴성 관목
생약명 : 오미자(五味子)
속 명 : 조선오미자, 산화초, 문합, 경저, 화초등자, 오매자
분포지 : 산의 골짜기
채취기 : 9~10월에 열매를 딴다.
가공법 : 햇볕에 말려 사용하거나, 생열매를 그대로 사용한다.
약 효 : 폐와 신장을 보하고, 진해 거담, 수렴, 자양강장, 기침, 가래, 갈증, 설사, 음위증, 알코올중독, 거친피부, 고혈압, 당뇨

당귀

산에 산에 산당귀
들에 들에 들당귀

어린잎 데쳐서 조물조물 무쳐내어

빈혈 있는 울 어매
기력 없는 울 아배

삼 년 묵은 한 뿌리를 정성껏 달여서
꽃피는 산과 들에 나들이 가시도록

산에는 산당귀
들에는 들당귀

당귀

과　명 : 산형과 다년생 초본식물
생약명 : 당귀(當歸)
속　명 : 조선당귀, 토당귀, 대당귀, 숭엽초, 신감채, 신감초
분포지 : 산, 계곡, 습기 있는 토양, 농가에서 재배도 한다.
채취기 : 가을에서 봄 사이 뿌리를 채취한다.
가공법 : 채취한 뿌리를 씻은 다음 햇볕에 말려 썰어서 사용한다.
약　효 : 감기, 두통, 치통, 신경통, 전신통, 풍습성 관절염, 중풍, 빈혈

2

교묘하게 스며드는 것

구절초(九折草)

지리산 산청에 피는 구절초는
그냥 우연히 피는 것이 아니라
동의보감촌 솔숲에 피는 구절초는
필유곡절(必有曲折)이 있다 합니다

어디서나 보는 그런 꽃이 아니라
피면서 구구절절 하는 말들을
가만히 귀기울여 들어도 좋겠습니다

어머니와 나 사이는 필연(必然)일 테고
산청 구절초와 만남은 인연(因緣)일 텐데

사시사철 가족들 건사하시느라
냉한 몸으로 체증은 달고 사시며
한시름 놓을 틈도 없이 마디마디 쑤시는 통증에
잠자리인들 편하셨겠습니까

올가을 부디 산청을 오셔서
동의보감촌에 반드시 오시거든
깨끗한 가을볕과 지리산 기운 받은
구절초 머금은 꽃말 귀담아 듣고서

어머니와 아내가 건강하면 집안이 편안하고

선모초(仙母草) 명약으로 웃음꽃 피어나면
기쁜 일 좋은 일만 가득 생겨난다고

어젯밤 꿈이 그러하였습니다

구절초

과 명 : 국화과 여러해살이 풀
생약명 : 구절초(九折草)
속 명 : 선모초, 구일초, 낙동구절초, 한라구절초, 찰씨국, 들국화
분포지 : 전국의 산야
채취기 : 음력 9월 9일에 채집하면 약효가 가장 뛰어나다고 전해진다.
가공법 : 전초(잎, 줄기, 꽃, 뿌리)를 씻어서 그늘에 말려 썰어서 쓴다.
효 능 : 몸이 차가워서 생기는 생리통, 불임증, 생리불순, 소화불량, 위장병, 치통, 두통, 폐렴, 기침, 감기, 기관지염 등 주로 부인병에 효능이 뛰어나다.

석류

짝사랑은
얼마나 무한한 기도인가

홀로의 사랑은
얼마나 깊고 넓은 각성인가

정수리가 터질 듯한
그리움이여!

속마음 털어놓을
파란 하늘 한 장에

못 전하고 닫힌 언어들
일광에 촘촘히 반짝이는

석류

과 명 : 부처꽃과 낙엽관목
생약명 : 석류(石榴)
속 명 : 유개백자(榴開百子)
분포지 : 중앙아시아 원산이며, 우리나라의 중부 이남
채취기 : 가을에 채취한다.
가공법 : 생과, 즙, 한방에서는 과피를 약으로 사용한다.
약 효 : 과피에 수렴, 지혈, 지사, 구충의 효능, 구사리, 변혈, 대하, 붕루, 탈항, 충적복통, 회충구제, 천식, 백일해, 스트레스 해소, 피부노화방지, 관절통 우울증

비수리

술독에 빠진 놈
어디 쓸까 했는데

아이 열둘 잘도 낳고,

중탕에 불은 몸
어찌 쓸까 했는데

허파가 깨끗해서 감기 한 번 없다 하네

술에 담가 약에 쓰면 달문이 열리고
탕약 달여 약에 쓰면 청폐에 좋다 하네

수리수리 비수리!
지극 정성 다하면 명약이 된다 하네

비수리

과　명 : 쌍떡잎식물 장미목 콩과 반관목 다년생 초본
생약명 : 야관문
속　명 : 비수리, 노우근(老牛筋), 호지자, 산채자
분포지 : 전국 산야
채취기 : 꽃이 피어 있을 때 뿌리째 캔다.
가공법 : 잘게 썰어 말린다.
약　효 : 간, 신장, 기침천식, 진해, 소종, 유정(遺精), 야뇨증, 유종(乳腫)

쇠무릎지기(우슬牛膝)

할아버지의 무릎이 사라져 버리자
무르팍을 찾으러 들로 나가신 할머니
아직 돌아오지 않으시고

밭둑길은 예전 그대로인데
할머니의 발목은 지워져 있습니다

할아버지와 할머니는
시큰시큰한 한숨을 수없이
파스처럼 붙였다 뗐습니다

관절로부터 넘친 물렁뼈의 행방
할머니는 당신이 모르는 표정을 짓고 계시지만
할아버지의 얼굴엔 무언가 빠진 게 있는 것 같습니다

엑스레이 사진처럼 연골은 모두 닳고 없는데요
뼈로부터 넘쳐나는 통증과 통증 위에
흐린 날의 비구름이 묻어오고 있는데요

통통한 마디의 생김새가 소의 무릎을 닮았다는
쇠물팍, 접골초라 부르는 약초가 자라

들판 흙속에 묻혀 있던, 할아버지 할머니의 무릎들이
푸릇푸릇 천천히 일어서서
나란히 발목을 짚고 걸어오고 있지 않겠습니까

쇠무릎지기

과 명 : 비름과
생약명 : 우슬(牛膝)
속 명 : 쇠물팍, 접골초, 고장근(苦杖根)
분포지 : 밭둑이나 들판
채취기 : 9~11월에 채취한다.
가공법 : 전채를 씻어서 잘라 말린다.
약 효 : 수렴, 이뇨, 진통, 임질, 산후복통, 어혈, 생리불순, 각기, 수종, 음위, 요통, 요로결석, 류머티즘 관절염, 골관절염, 풍습성 관절염

도꼬마리

묵정밭 지나 집으로 왔을 뿐인데
어느새 붙어 따라온 너는
걸음을 옮길 때마다 잡아당기고
옷깃을 꼭 쥐고 있는지 까슬까슬한 느낌

천덕꾸러기가 되어 아무데나 흩어져도
무성하게 일가를 이루고 사는 너는
거들떠보지 않으면 않을수록
달라붙는 강아지처럼 애련한 눈빛

오지 마, 오지 마! 손사래 치며
말리고 떼어내고 멀리 내던져도
대신 살아 줄 수 없는 우리네 인생사처럼
너는 지독하게 삶을 붙드는 끈기를 지녔구나

도꼬마리

과 명 : 국화과 한해살이풀
생약명 : 창이자(蒼耳子)
속 명 : 도둑놈, 이당, 저이(猪耳)
분포지 : 전국의 들판, 길가, 빈터 등
채취기 : 여름에 전초를, 8~9월에 열매를 딴다.
가공법 : 햇볕에 말린다, 열매는 볶는다.
약 효 : 치풍, 평산제, 가려움증, 옴, 두풍, 잎의 생즙은 이목(耳目)이 밝아지며, 신경계질환, 감기, 두통, 사지동통, 축농증, 심마진

삽주

묵은 뿌리 아래에 햇뿌리 달려서
묵은 뿌리는 창출이라 하고
햇뿌리 이름은 백출이라 하네

몸 안의 물기를 없애는 효능은 창출이 낫고
위와 장을 튼튼히 하는 효과는 백출이 낫다

삽주 뿌리를 태울 때 나오는 연기는
사람에게는 해가 없지만
해로운 벌레나 균을 죽이는 효력이 세다

장마철에 삽주 뿌리 태운 연기를
집 안이나 자동차 안에 쏘이면
바퀴벌레 좀 벌레를 다 죽이고
곰팡이도 슬지 않는다고 한다

집집마다 삽주 뿌리 태워서 연기를 피우면
코로나도 무서워서 도망가지 않을까
코로나백신을 삽주로 만들면 안 될까

삽주

과 명 : 국화과 여러해살이풀
생약명 : 창출(蒼朮), 백출(白朮)
속 명 : 선출(仙朮), 산계, 천정(天精), 적출(馬薊), 삽주
분포지 : 산지의 건조한 곳
채취기 : 가을~겨울에 채취한다.
가공법 : 뿌리를 씻어 건조
약 효 : 발한, 이뇨, 진통, 건위, 식욕부진, 소화불량, 위장염, 감기, 급성세균성 장염에는 사용금기이다.

청미래덩굴

교묘하게 스며드는 것

메케한 공기 속에서
깨끗한 심폐 속으로 들어오는
중금속과 수은을 차단하고 배출한다

반짝반짝 윤이 나는 어린잎을 따서
그늘에 말려 차를 끓여 마시면 그렇다

철사처럼 억센 줄기에 가시와 덩굴손으로
메마르고 돌 많은 야산에 무더기로 사는

그 뿌리를 캐어 말렸으면 한다
속은 담홍색이며 혹처럼 뭉친 덩이뿌리에

돼지비계를 반드시 넣어 끓여야 약이 되는
공해로 찌든 세상에게 푸른 미래를 열어주는 식물

암세포를 사멸하는 힘이 남다른
백합과 덩굴성 떨기나무 잎사귀에

떡을 싸서 쪄 먹었다고 예사로 보지 말고
약초로서의 진정한 가치와 능력을 짚어 주었으면 한다

청미래덩굴

과　명 : 외떡잎식물 백합과 낙엽덩굴식물
생약명 : 토복령(土茯笭), 우계, 발계(菝葜)
속　명 : 망개, 명감나무, 청열매덤불, 팥청미래덩굴
분포지 : 황해도 이남 산지의 숲 가장자리
채취기 : 9~10월에 채취한다.
가공법 : 열매 식용, 어린순은 나물, 뿌리는 약으로 쓴다.
효　능 : 매독, 암종(癌腫), 임파선염, 이질, 장염, 수종, 마목(痲木),
관절동통, 이뇨, 해독, 소종

패랭이꽃

패랭이꽃과 봉선화는 사이좋은 자매여서 씨앗의 성질이 비슷해 딱딱한 것을 녹여내는 효능이 뛰어나지 하지만 봉선화는 사람들과 가까이 살지만, 패랭이꽃은 산야에 살아서 서로 만나기가 어려우니 그립기가 그지없어 패랭이꽃이 봉선화에게 편지를 써서 바람에 부쳤지 "봉숭아 언니, 나는 언니가 부러워 사람들이 사는 집안에 나도 한번 살아 보았으면…"

편지를 받은 봉선화는 기도를 했어 패랭이가 사람과 가까이 살 수 있게 해 달라고, 어느 날 신령님이 사람의 꿈에 나타나서 산비탈 바위틈에 잎이 톱니처럼 생긴 붉은 꽃이 피어 있으니 그 꽃을 캐 와서 집안에 심어두면 딸의 병이 나을 것이다 하는 거야 딸의 아비는 마침 몸이 퉁퉁 붓고 소변이 잘 나오지 않는 병에 걸린 딸아이를 위해 한달음에 달려가 붉은 꽃을 캐서 화단에 심어 놓았지

가을이 되어 패랭이꽃의 씨앗이 익자 산신령이 꿈에 다시 나타나 그 씨를 달여서 딸에게 먹이라고 하는 거야 과연 패랭이꽃씨 구맥(瞿麥)을 달여서 먹였더니 방광에 생긴 돌이 녹아 나오고 붓기도 빠지고 소변이 잘 나오기 시작하는 거야 딸아이도 너무 신기하고 기뻐서 패랭이꽃을 꺾어 감사의 표시로 아버지 어머니의 가슴에 달아드렸지 이것이 유래가 되어 어버이날 감사의 표시로 카네이션을 달아드리고 있는 거야 패랭이꽃으로 개량한 꽃이 바로 카네이션이야 패랭이꽃은

일 년에 한 번 사람의 가슴에 안기게 되었으니 소원을 이룬 셈이지

패랭이꽃

과 명 : 석죽과 여러해살이풀
생약명 : 구맥(瞿麥), 석죽(石竹)
속 명 : 거구맥(巨句麥), 산구맥(山瞿麥), 천국(天菊), 참대풀
분포지 : 전국 들판의 양지바른 풀밭, 냇가, 강둑
채취기 : 꽃이 피고 있을 때 채취한다.
가공법 : 말려서 잘게 썰인다.
효 능 : 이뇨, 통경, 소염, 소변불리, 생리불순, 악성종기, 신장결석, 요로감염, 방광염, 방광결석, 신장염, 고혈압, 만성장염, 위염, 십이지장염, 결막염

비단풀

짓밟히고 핍박 받을수록 강하게 저항하는 기질로
끈질기게 생명을 부지하며 살아왔는데
비단풀이라고 부르는 이유는 뭘까?

언뜻 보아 쇠비름을 닮았다고 하겠으나
줄기는 땅바닥을 기면서 자라고
풀밭이나 마당을 터전으로 삼지만
작아서 별로 눈에 띄지도 않는다

줄기나 잎에 상처를 내면 흰 즙이 나오고
항암 해독 향균 진정작용이 탁월해서
암세포만 선택해서 사멸하는 표적 항암제라 할 수 있다
세계의 의약계에서 신비로운 약초로 주목받고 있다

열을 내리고 독을 풀며 혈액순환과 두통 비염 치질에도
효과가 좋으며 젖과 소변을 잘 나오게 한다
상처에 출혈이 멎지 않을 때
날것을 짓찧어 붙이면 피가 멎는다

이렇게 다양한 약성을 가졌으나 전혀 독성이 없다
남을 위해 베풀고 헌신하는 마음이 비단같이 고와서 비단풀
일 것이다.

비단풀

과 명 : 대극과 한해살이풀
생약명 : 비단풀
속 명 : 내금초, 점박이풀, 지금(地錦), 지면(地綿), 오공초(蜈蚣草), 선도초(仙挑草)
분포지 : 풀밭, 마당, 길옆
채취기 : 9~10월, 씨앗이 익는 시점이 좋다.
가공법 : 여름채취는 햇볕에, 가을에 채취한 것은 그늘에 말린다.
효 능 : 골수암, 위암, 뇌종양, 염증, 천식, 당뇨, 심장병, 신장질환, 악성두통, 정신불안증, 치매, 감기

흰봉선화

봉선화를 삼켜 보았습니까

금봉화(金鳳花)라고 읽는 것은 위반이 아닙니다 언젠가는 꽃잎의 생김새대로 장천(長天)을 날아오를 테니까요 방안에 빙 둘러 봉선화를 심어 놓으면 봉황이 잠 속에 나타나지 않고 배기겠어요?

할아버지는 울밑에 심고, 할머니는 장독대 둘레에 심었지요

봉선화의 살 냄새는 뱀이 싫어한데요 뱀을 출입금지 시키므로 금사화(禁蛇花), 못된 귀신도 출입금지, 질병이나 우환이 들지 말라고 부적처럼 해마다 심었다는데요 할배 할매가 좋아하는 꽃인 줄만 알았다면 해석이 적절치 않습니다

친애하는 의사선생님, 몸속의 암은 모두 사라졌을까요 귀신은 붉은빛을 싫어하니까 열 손톱에 빨간 꽃물을 들이고 있겠습니다 꽃잎이 새하얀 봉선화는 단단한 것을 녹여내는 불가사의한 효력이 있다지요 목에 걸린 생선 가시는 기본이고요 신장결석 요로결석도 녹여서 배출, 어혈과 암 덩어리는 씨앗을 달여 먹으면 게 눈 감추듯 사라진다는데, 약효가 뼛속까지 침투한다 하여 투골초(投骨草), 약성이 급하여 즉시 효력이 나타난다고 씨를 급성자(急性子)라 한다네요

시집 못 간 누이의 손톱 발톱에 봉선화 물을 들여 볼까요?
어디선가 백마 탄 신랑감이 눈부시게 나타날지도 몰라요

흰봉선화

과　명 : 봉선화과
생약명 : 급성자(急性子)
속　명 : 봉숭아, 봉사, 금봉화, 금사화
분포지 : 우리나라 각지에 심어 가꾼다.
채취기 : 가을에 씨가 다 영글었을 때 전초를 채취한다.
가공법 : 잘게 썰어서 말린다.
약　효 : 갖가지 암, 냉증, 생리불순, 생리통, 방광결석, 담낭결석, 요로결석, 종기, 식중독, 알코올중독, 뱀에 물린데, 악창, 염증, 불임증

천마(天麻)

옛날, 부잣집 외동딸이 두통이 심하였다 좋다는 약과 이름난 의사도 소용없었다 어느 날, 어머니가 간호하다 지쳐서 깜박 잠이 들었는데, 꿈에 수염이 허연 할아버지가 나타나 "네 딸의 병은 신마神馬가 아니면 고칠 수 없느니라." 딸의 부모는 방을 써 붙였다 '신마를 잡아오는 사람과 내 딸을 혼인 시키겠노라' 한 청년이 여러 날 산속을 뒤졌으나 신마는 보이지 않았다 청년이 지쳐서 쉬고 있는데, 푸드득 하는 소리와 함께 하늘에서 붉은 갈기를 휘날리며 말 한 마리가 숲으로 내려왔다 청년이 힘껏 올가미를 던졌으나 신마는 붉은 갈기 한 가닥을 남기고 땅속으로 사라져 버렸다 청년이 땅을 한참을 파보았지만 신마는 보이지 않고 둥글납작하고 주먹만 한 뿌리 같은 것이 땅 위에 있던 붉은 갈기와 이어져 있었다. 청년은 그것을 가져가서 딸의 부모에게 주어 달여 먹게 했더니 딸의 두통이 씻은 듯이 나았다 청년은 약속대로 부잣집 외동딸과 혼인하였고, 그 약초뿌리를 하늘이 내려준 것이라 하여 천마(天馬)라 부르다가 지금은 천마(天麻)로 부르게 되었다고 한다

천마

과　명 : 난초과 여러해살이풀
생약명 : 천마(天麻)
속　명 : 수자해좃, 적마, 신초, 명천마
분포지 : 전국의 부식토가 많은 계곡의 숲속
채취기 : 가을~이듬해 봄 뿌리(덩이줄기)를 채취한다.
가공법 : 잘 씻어서 쪄서 말린 다음 잘게 썰어서 사용한다.
약　효 : 강장, 중풍, 두통, 고혈압, 종창, 악창, 무좀, 습진, 사지마비, 언어장애

개똥쑥

개똥밭에 굴러도 이승이 낫다고
개똥아, 개똥처럼
병치레 없이 둥글둥글 오래 살라고

서늘한 달빛은 개똥쑥에게
밤사이 좋은 기운을 불어넣었네

피부를 진정시켜 부드럽게 하는
살균과 정혈의 기를 생성시켰고

강력한 항산화물질 아르테미시닌이
염증성 질병을 말끔히 치유한다는데

개똥도 약에 쓰려면 없다는 말
개똥도 약이 된다는 말

지천에 널린 풀도 요모조모 살펴보면
사람에게 이로운 성정을 지녔다는 말
보잘 것 없어 보여도 다 쓸모가 있다는 말

개똥쑥

과　명 : 쌍떡잎식물 초롱꽃목 국화과 한해살이풀
생약명 : 청호, 황화호
속　명 : 잔잎쑥, 개당쑥
분포지 : 길가, 빈터, 강가
채취기 : 음력 3월~5월 채취한다. (3월 채취-식용, 5월 채취-약용)
가공법 : 그늘에 말려서 잘라서 쓴다.
약　효 : 발열감기, 학질, 소아경기, 소화불량, 생리불순, 피부염, 해열, 해독, 감기

3

괴좆나무여름

작약(芍藥)

누군가를 사랑하기 위해서는
성질은 평하면서 진정해야 하며
약간 새콤하면서도 독특한 유머가 있어야 한다

사랑하는 사람에게는
혈액이 저리는 것을 낫게 하고
혈맥을 잘 통하게 하며
나쁜 피를 내보내고 옹종을 삭여 주어야 하고

진정으로 사랑한다면
속을 편하게 하고 복통이 일어나지 않게 하며
어혈을 가라앉히고 염증을 없어지게 해야 한다

세상이 아름답게 보이도록
충혈된 눈을 맑게 하고
치질 치루 등창이 가라앉게 하며

사랑할 줄 아는 사람은

마음속 깊은 곳에 있는 심정을 다하여
건강하고 행복하도록 배려할 줄 알며
따스한 눈빛과 온화한 음성으로

늘 한가득 함박웃음을 짓게 만들어야 한다

작약

과 명 : 미나리아재비과 다년생 초본식물
생약명 : 작약(芍藥)
속 명 : 산작약, 작약, 금작약
분포지 : 숲속 나무그늘, 배수 잘되는 양지
채취기 : 봄, 가을에 뿌리를 채취한다.
가공법 : 잘 씻어 썰어 말린다.
약 효 : 진정, 진통, 두통, 복통, 위통, 위경련, 습관성 변비, 위·십이지장궤양, 어혈, 류머티즘성 관절염, 생리불순, 생리통, 빈혈, 대하증, 식은 땀 등

구기자 · 2

맛은 달고 평하다
얼굴빛을 좋게 하고 눈과 귀를 밝게 하며
정신을 맑게 한다

소갈병과 진음이 허한데서 오는
배 아픔에 특별한 효과를 나타낸다

신을 자양하며 폐를 윤택하게 한다

입안에서 역한 냄새가 날 때
달인 물을 마시면 낫는다

비습이 성하여 설사를 하는 때에는 쓰지 않는다
비위에 한, 담, 냉이 몰려 있을 때에는 쓰지 않는다
원기, 양기가 허약하며 음허로 유정이 있는 때에는
조심해서 써야 한다

숙지황을 함께 쓰면 보음작용을 크게 돕는다

옛날에는 사람들이 '괴좆나무'라고 불렀다

구기자

과 명 : 쌍떡잎식물 통화식물목 가지과의 낙엽관목
생약명 : 구기자(枸杞子)
속 명 : 괴좃나무여름
분포지 : 마을 근처의 둑이나 냇가
채취기 : 8~9월에 채취한다.
가공법 : 물에 살짝 헹구어 말린다.
효 능 : 만성간염, 간경변, 신장이 허약하여 허리, 무릎이 저리고 아픈데, 유정(遺精), 대하(帶下), 시력감퇴, 백내장초기증상, 강장제, 오래 복용하면 몸이 가벼워지고, 기력이 왕성해지며, 세포의 노화를 억제한다.

할미꽃(白頭翁)

허리 굽은 할머니 지팡이 짚고 오신다
배앓이하는 손자에게 약손 해 주시려고
잠시잠간 빈틈없이 나부대던 개구쟁이
앓는 배를 사알살 쓸어 주시며

–어디보자, 어디보자, 내 새끼야 어디보자
–할매 손이 약손인께 아픈 데를 없애주마
–아픈 배는 돼지주고, 밥 잘 묵고 똥 잘 싸고
–치통, 복통, 설사, 치질 강아지야 물고 가라
–가거들랑 오지 말고 사립 밖도 얼씬 마라

할머니 손으로 문지르자 거짓말처럼 시원해져
어느새 손자는 스르르 잠이 들고
할머니는 그 모습에 볼우물로 웃으시며
목소리 낮추고 낮추어 비손을 마치신다

할미꽃

과　명 : 미나리아재비과 여러해살이풀
생약명 : 백두옹(白頭翁)
속　명 : 할미꽃, 노고초, 조선백두옹, 할미씨까비
분포지 : 산기슭 메마른 양지 잔디밭
채취기 : 먼저 꽃과 잎을 채취하고, 뿌리는 봄철 개화 전에 채취한다,
가공법 : 씻어 말려서 잘게 잘라서 사용한다.
효　능 : 성질은 차고 독이 약간 있다. 해열, 해독, 소염, 살균, 살충, 지사, 지혈, 청혈, 수렴, 이질, 대장염, 치통, 신경통, 만성 위염, 월경불순, 꽃은 오한, 학질에 즉효다.

쇠비름

차라리 독을 가졌으면 한다

진범이나
미나리아재비처럼
건드리거나 잘못 먹으면 죽고 마는

그런 맹독을 지녔으면 한다

어차피 손금대로 살지 못할 운명이거든
땅바닥을 손톱으로 할퀴면서까지
모질고 질긴 목숨 조롱받지 않도록

온몸에 독을 가득 품었으면 한다

뽑아서 땡볕 아래 뒤집어 놓아도
뿌리에 한낱의 물기나 흙이라도 닿으면
언제나처럼 다시 살아나는 바람에

지독한 놈이라는 오명을 쓰지 않았으면 한다

쇠비름

과　명 : 쌍떡잎식물 쇠비름과
생약명 : 마치현(馬齒莧)
속　명 : 장명채(長命菜), 오행초(五行草), 쇠비름
분포지 : 시골의 논밭, 낮은 산간지역
채취기 : 11월 경에 채취한다,
가공법 : 나물, 샐러드, 효소, 생즙
약　효 : 항균, 여드름, 아토피, 피부건조, 이뇨, 생리불순, 강장

삼지구엽초

고조선의 역사를 기억하기 위해 생각의 일부를 뜯어고쳤네 천부인(天符印) 세 개와 세 명의 신관을 데리고 내려와 신시(神市)를 완성하기 위한 초현실적 계획을 이해하기까지 꽤 많은 세월이 흘렀네 그것을 사실로 받아들이기 시작하자 모든 가치 관념이 숫자 삼(三)으로 바뀌었지 개천절 아침, 삼지(三枝)에 매달아 놓은 깃발을 보고 구만리 장천을 날아가는 봉새는 광대무변의 우주를 쪼아 장막을 찢고 들어갔다네 사람들은 이마를 땅에 찧으며 세 번 절하면서 불사조가 들어가 박힌 깃발을 보고서야 다리가 세 개란 사실을 알 수 있었던 걸세 나라의 운명은 하늘에 깃든 것, 태양의 흑점과 달과 별이 지고 피기를 사천삼백오십 삼년 동안 발이 셋 달린 가마솥에 밥 지어 먹어가며 행여나 잊어버릴까 삼삼은 구, 삼삼은 구, 기도문처럼 외우다 보니 삼지구엽초라 부르는 것이네 이 풀을 달여 먹고 백성이 번성하니 일신강충(一神降衷)의 기운이 뻗어 나라는 태평하고 심신이 평온하며 세세연년(歲歲年年) 이어가는 것이니, 이 모든 일들은 백두산과 지리산이 한통 속이 되어 벌이는 역사의 해프닝이네

삼지구엽초

과　명 : 매자나무과 여러해살이풀
생약명 : 음양곽(淫羊藿)
속　명 : 닻꽃, 선령비, 방장초, 가승마, 조선음양곽, 양곽엽
분포지 : 지리산 이북 온도가 낮은 고산지역 부엽토질이 풍부한 토양
채취기 : 여름~가을에 채취한다.
가공법 : 지상부 전초를 채취 잘 씻은 다음 그늘에서 말린다.
약　효 : 보신, 정력, 자양강장, 혈압강하, 거풍, 식욕부진, 피로회복, 불면증, 풍치

지치

산에서 지치를 캐 먹고 3일 동안 쓰러져 잠든 사람이여, 꿈속 이야기나 한번 들어봅시다

눈 쌓인 겨울 산에 하얀 눈이 빨갛게 물든다면 그 아래에 반드시 지치 뿌리가 있어 약초꾼은 추운 겨울에 지치를 찾아다닌다네 뿌리에서 뿜어내는 강한 기운이 거악생신(去惡生新)하여 무명악질(無名惡疾)을 물리친다 하오

오리 한 마리에 지치 두 근을 넣어 소주를 붓고 오래 달여 건더기는 건져 버리고 남은 술물을 소주잔으로 하루 세 번 복용하니 오리와 거위는 쇠와 유리도 삭히는 효능이 있어 딱딱한 종양 덩어리도 녹여내어 새살을 돋게 하니 과연 성약(聖藥)이라 할 만하다

지치는 막힌 데를 뚫고 생혈(生血), 활혈(活血)하며 옹종을 삭히는 힘이 매우 센데다가 보중익기(補中益氣)까지 하여 난치병에 걸려 함문곡성(緘門哭聲) 하는 자를 살리는 명약이라 하오

산속에서 3일 밤낮을 쓰러져 자고 털털 털고 일어나 집으로 왔는데, 점점 안색이 좋아지고 허약하던 몸이 한겨울에 홑옷만 입어도 추위를 모를 만큼 체질이 바뀌고, 고질이던 두통 축농증 만성장염이 깨끗하게 나아 무병장수 하였더라는 어떤 사람 이야기

지치

과　명 : 지치과 여러해살이풀
생약명 : 자초(紫草)
속　명 : 지초, 자단, 자초자, 지혈, 주초, 대자초, 홍조자초, 자초근자
분포지 : 경상남도, 제주도를 제외한 전국산지
채취기 : 10~11월 뿌리를 채취한다.
가공법 : 깨끗이 씻은 후 그늘에서 말린다, 서늘한 곳에 보관한다.
약　효 : 고혈압, 비만증, 항균, 항염증, 항암, 구강암, 위암, 갑상선암, 위암, 자궁 암, 피부암, 동맥경화, 정신분열증, 경기, 관절염, 백전풍과 자전풍

물레나물

그가 말하기를
다섯 장의 노란 꽃잎이 길쭉하고 약간 비뚤어져 있을 뿐인데
실을 잣는 물레처럼 생겼다고 물레나물이라 하는데
그러나 절대 나물로는 먹어서는 안 됩니다

그가 말하기를
잎을 햇빛에 비추어 보면 히페리찐이라는 물질이 보이는데
형광물질로 독성이 있으나 물이나 알코올에 녹지 않으므로
사람이 먹어서 중독은 되지 않는다
이것을 추출하여 고양이에게 주사하면
햇볕이 없는 데서는 변화가 없으나 햇볕을 쪼이면 곧 죽어버린다

그가 말하기를
히페리찐은 항생제에 내성이 생긴 염증성 질병에 탁월한 치료 효과가 있다 마취 살균 수렴작용과 새살을 돋아나게 하는
식물성 항생제라 할 수 있는 이마닌이란 물질도 가지고 있다

그가 말하기를
나물이라고 오해하지 말고 천연항생 물질을 지닌
당당한 약초임을 알아주시기 바란다

물레나물

과　명 : 물레나물과 여러해살이풀
생약명 : 홍한련(洪旱蓮), 금계도(金系桃), 가연교(假連翹), 대황심초(大黃心草)
속　명 : 매대체, 큰물레나물
분포지 : 숲가, 논밭둑, 양지바른 산야
채취기 : 8~9월에 채취한다.
가공법 : 전초를 끓는 물에 담갔다가 건져서 햇볕에 말린다.
효　능 : 평간(平肝), 지혈, 패독(敗毒), 소종(消腫), 급성간염, 신장염, 궤양, 유선염, 꼶은데, 축농증, 편도염, 중이염, 화상, 두통, 토혈, 타박상(창절)

산초나무

작고 까만 네 열매 속에는
태양의 결기들이 이글거린다
불화살들이 바깥을 향하여
언제라도 발사될 수 있도록
시위는 팽팽하게 당겨져 있다

그 화살에 맞으면 잠시 고무되다가
진피의 독이 전신에 퍼지면서
속부터 데워지는 온기였다가
몸 밖까지 활활 타오르는 장작불이다

한습비(寒濕痹)로 아프고 죽은 살
시린 허리와 무릎
욱신거리는 치통을 다스리는

'분디'라 부르는 잎이 잔잔한 나무,
열매 껍질을 씹으면 햇살에 찔린 듯이
알싸하게 톡 쏘는 맛

씨앗을 기름 짜서 집집에 두었던 만병통치약

산초나무

과 명 : 운향과 낙엽활엽 관목
생약면 : 산초(山椒)
속 명 : 분디나무, 산추, 상초, 천섬화초, 진초, 촉초, 천초, 진피
분포지 : 함경북도이남 야산
채취기 : 9~10월에 채취한다.
가공법 : 성숙한 열매를 따서 햇볕에 말린 다음 외피를 제거한 종실을 볶아 기름을 짜서 이용한다.
약 효 : 건위, 구충, 향신료, 신경통, 피부질환, 손발저림

소리쟁이

어렸을 때 어린잎을 따서 국을 끓여 먹던 사람들이 미끈미끈하고 별로 맛이 없다고 미간을 찌푸리던 풀일세 조금의 물기 있는 땅이면 주저 없이 터를 잡고 여러 해를 살아가는 습성 때문에 이름을 불러주지 않아도 혼자서 무성하게 깃처럼 잎을 만들어 놓곤 했다네

잎과 뿌리의 생김새가 대황을 닮았다고 토대황(土大黃) 또는 조선대황이라고 부르기도 한다지만 맛을 볼 줄 아는 혀는 맵고 쓰고 성질은 지랄같이 차가우며 독성도 있는 줄을 알아채서 한꺼번에 많이 먹거나 너무 좋아하면 안 된다는 평가를 내렸다네

자랑을 좀 하자면, 열을 내리고 땀을 잘 나게 하는 작용이 있어 대소변을 잘 나가게 하며 감기 폐결핵 기침 기관지염에 효력이 있고 뿌리에는 염증을 없애고 균을 죽이는 작용이 탁월하여 피부병 잇몸 염증 위염 위궤양 인후염 위암 등 모든 염증치료나 암치료에 효과를 나타내고 있다네 최근에는 골수성 백혈병 임파성 백혈병에도 상당한 효과가 있는 것으로 밝혀졌지

잎과 뿌리 전체를 잘게 썰어 그늘에 말려 달여 먹거나 국을 끓여 먹어도 좋아 그런데 조심할 것도 있네 도시 주변이나 더러운 물이 오염된 곳일수록 아주 때깔 좋아 보이거든 중금

속이나 농약 성분이 많이 들어 있을 수 있기 때문에 약으로 쓰려면 지리산 산청 같은 청정하고 깨끗한 시골 지역에서 자란 것을 사용하란 말이네

아무도 거들떠보지 않는 이 풀에게 무슨 이름이 중요하겠나 앞으로 인류의 난치병을 치료할 명약이 될 수도 있으니 내 꼴이라도 반드시 기억해 주었으면 하네

소리쟁이

과 명 : 마디풀과 여러해살이풀
생약명 : 토대황(土大黃), 양제(羊蹄)
속 명 : 조선대황, 야대황, 우설근, 우이대황, 독채(禿菜), 소리장이, 소루장이
분포지 : 산이나 들의 습지근처 전국
채취기 : 가을이나 봄에 뿌리를 캔다. 봄에 새잎은 나물이나 국으로 식용한다.
가공법 : 물로 깨끗하게 씻어 그늘에서 말린다.
약 효 : 변비, 출혈, 설사, 이질, 습진, 옴, 가려움증, 위염, 장염, 위궤양, 무좀, 잇몸 염증, 피부병, 위암, 식도암, 대장암.

엄나무

비가 부슬부슬 내리는 날은 나막신을 신은 귀신이 나타나기 좋은 날 딸그락 딸그락 소리를 내며 까맣게 어둠이 깃든 눈동자 속으로 다가오고 있겠지

귀신은 어둡고 축축하고 차갑고 썩은 곳을 좋아하지 허물어진 성이나 낡은 빈집 오래된 우물 썩은 고목 음산한 골짜기나 음습하고 더러운 동굴 같은 곳에서 잘 나타나는 거겠지

무시무시한 가시가 달린 엄나무 가지를 대문이나 방문 위에 걸어두는 까닭은 못된 귀신과 나쁜 질병이 들어오지 못하게 막기 위해서란다 옛날부터 귀신은 음기의 상징이고 엄나무의 억센 가시는 양기의 표상이어서 양기는 음기를 몰아내고 바깥의 적을 막아주는 것이라 생각했던 것이야

엄나무는 땅속의 음기와 공기 중의 음기를 빨아들인단다 단단한 가시는 양기를 팽팽하게 품고 있지만 껍질 속에는 음기를 모아두고 있는 거야 그래서 양의 기운이 센 가시는 풍습병風濕病을 다스리고 안으로 품고 있는 음기로는 사람의 몸에서 음기가 부족하여 생기는 병을 다스린다는 거지 사람의 몸에서 음기를 주관하는 장기는 간장肝腸이거든

엄나무

과 명 : 두릅나무과 낙엽교목
생약명 : 해동피(海桐皮)
속 명 : 엄목, 음나무, 멍구나무, 자추, 자풍수
분포지 : 전국 산기슭 숲 속, 골짜기
채취기 : 3~4월에 채취한다.
가공법 : 물에 씻어 밀봉하여 보관한다.
약 효 : 관절염, 신경통, 종기, 암, 피부병 염증질환, 만성간염, 간장질환

곰보배추

거울이 필요 없는 나에게
자꾸 거울을 보라고 하는 것은
가을보다 더 쓸쓸하고 모진
겨울의 시련이었다

모두들 봄의 마당으로 몰려가서
서로 먼저 꽃을 피울 것이라고
거울 앞에서 장담을 할 때

생김새는 하늘이 주신 것이지만
의지는 순전히 나에게 맡겨진
선물이었음을 알게 되었을 때

당당히 겨울의 능선으로 올라가
가장 차가운 바람과 맞서며
운명을 헤치고 길을 열어 나아갔지

보아라,
눈보라 속에서도 자세를 잃지 않고
푸르고 꼿꼿하게 정신을 세우고 있었음을

너희들이 거울을 보는 동안
나는 나를 끝까지 놓치지 않고
눈자리 나도록 응시하고 있었음을

곰보배추

과　명 : 꿀풀과 여러해살이풀
생약명 : 뱀차즈기
속　명 : 만병초, 동생초, 설견초, 문둥이배추
분포지 : 중부 이남의 들판, 논둑, 밭, 강변
채취기 : 1~3월
가공법 : 말려서 가루를 내거나, 생채를 사용
약　효 : 감기, 기침, 해소 ,천식, 인후염, 편도선염, 청혈, 향균, 지혈, 비염, 아토피, 소변불리, 가스제거

|산문|

괴좆나무여름

새벽에 잠이 깨이면 찻물을 올려놓고, 소파에 앉아 목운동을 하며 하루 동안 해야 할 일들을 떠올려 완급에 따라 순서를 정하곤 한다. 어떤 복잡한 일에 대해서는 좀 디테일한 부분까지 어떻게 처리하는 게 좋을지 미리 실마리를 생각해 둔다.

그러는 동안 물이 끓어서 타임벨이 울리면 차 한 잔을 만들어 소파로 돌아와 앉아, 옅은 빛들이 커튼을 뚫고 들어와 실내를 점점 푸른빛으로 가득히 드리우는 과정을 지켜본다. 아침을 채우는 이 푸른빛이 좋다. 마치 푸른 바닷속에서 눈을 뜬 느낌 때문에 늦잠의 유혹도 푸른 새벽의 매력에는 미치지 못하는 것 같다.

동이 트면서부터 점점 현실 쪽으로 데려다주는 빛이 마술을 부리는 그 짧은 동안에, 한 잔의 차로 인하여 나는 먼 꿈의 나라에서 차츰 지구로 되돌아오는 현실감각을 되찾는지도 모른다. 따뜻한 차와의 아침 만남은 이제 좀 오래된 습관이 되어 버렸다.

2020년 노벨 문학상 수상자로 선정된 미국 시인 루이즈 글릭의 첫 수상소감은, '일단 아침 커피를 마셔야 한다.'였다.

나는 부득이한 경우 외에는 커피를 마시지 않는다. 카페인에 민감한 체질이라 커피를 마신 날은 좀처럼 잠들지 못한다.

개인적 관찰에 의하면 변비도 유발시킨다.

글릭 시인이 아침 커피를 마셔야 하듯이, 나는 내 몸에 알맞은 일종의 약초차를 마신다. 그전에도 그랬지만, 2014년 큰 수술을 받고 난 이후로 거의 습관으로 굳어 버렸다. 그래서 하루에 2리터 정도 마시는 차의 재료가 거의 약초를 우려낸 것으로 이루어져 있다. 때문에 약초에 문외한이었던 나 스스로 나에게 알맞은 약초를 찾아내고, 각각의 약초에 대한 기초지식을 얻기 위해서 부단히 애쓰며 약초 공부를 하지 않으면 아니 되었다. 그동안 한방약초 공부를 위해 뒤적였던 책들이 열 권이 넘지만, 아직도 이론과 실물의 정립이 어렵다. 그러니 지금도 수시로 책을 열람해 가며 체질별, 계절별, 몸의 상태별로 어떤 약초가 적합한지 알아가고 있는 중이다.

약초 공부를 하면서 반드시 준수해야 할 중요한 사항을 몇 가지 알게 되었다. 약초는 잘 사용하면 이롭지만, 잘못 사용하면 오히려 건강을 해치는 독이 될 수 있어서 신중하고 조심스럽게 다루어야 한다는 것을 항상 염두에 두어야 한다고 생각한다.

첫째는 자신의 체질이 어느 분류에 해당하는지를 정확하게 알아 두는 것이 좋다. 방법은 전문 한의사에게 검증을 받아야 한다. 책에 기술된 체질분류법으로 어설프게 자신을 판단하여서는 아니 된다는 점이 중요하다. 가령, 겉은 차고 속에 열이 있는 체질이라면, 반대로 외열이 있고 내성이 찬 체질을 가진 사람의 경우, 동무(東武) 이제마 선생의 사상체질(四象體質) 분류법이나 근래에 이론화된 팔(八)체질 분류법에 섣불리 대입해서는 정확히 어떤 체질인지 분류하기 어렵다. 때문에 전문 한의사에게 가서 검증을 받는 것이 안전한 방법이라 할 수 있겠다. 그래도 믿기지 않는다면 두 세 곳 정도의 한의원에서 진단하여 객관적인 판단을 받는 수밖에 없다.

두 번째는 약초는 모두 몸에 이로운 것이라고 하는 맹목적인 신뢰를 하여서 안 된다. 특히 약초를 직접 캐러 산야를 누비는 분들은 약초에 대한 지식과 분별력이 있어야 한다. 약초와 비슷한 독초가 생각보다 많기 때문이다. 그리고 약초의 효능은 중복되는 것들이 많아서 책에 적힌 내용만으로 어느 약초에 집착한다면 자칫 부작용으로 건강을 오히려 해칠 수 있다. 질병치료와 보신을 목적으로 한방약초를 사용해야 한다면, 반드시 한의사를 통한 정상적인 의료서비스를 받는 것이 안전한 방법이다. 취향과 기호로 즐기기 위하여 그야말로 다반사(茶飯事)라는 개념으로 이용하는 데에도 쉽지만은 않은 것이 한방약초이기 때문이다.

세 번째로는 약재의 사용량이다. 과유불급(過猶不及)이라는 말처럼 '넘치는 것은 모자라는 것만 못하다.'는 이 말을 약초를 다룰 때에는 항상 염두에 두고 적용해야 할 것 같다. 가령 권태감과 무력감이 심한 기허(氣虛)로 인하여 사물탕(四物湯)을 끓인다고 할 때, 천궁, 당귀, 백작약, 숙지황을 각 5g씩을 넣어 달여야 한다. 그런데 약재를 대충 눈대중으로 또는 다다익선(多多益善)으로 여기고 한 줌씩 넣는다면 올바른 방법이라 할 수 없다. 약재의 적정량 계량이 무엇보다 중요한 것이다. 만약 물 2리터에 오미자 10g을 넣으라고 의서에서 처방하였더라도 필자의 경우 7~8g 정도만 계량하여 사용한다. 조금 적게 사용하는 것이 무리가 없을 것 같아서이다.

일반적인 차 대신 한방약초를 차의 재료로 사용하는 이유는 각 약재마다의 향(香)이 다르고, 그 맛이 다르고, 또한 효

능이 좋기 때문이다. 신토불이(身土不二)라는 측면에서 우리나라의 약재가 우리 몸에는 알맞고 더 좋은 것은 두말 할 나위가 없다. 한방 약초의 고장 청정골 산청에서 생산되는 약초는 우수한 약성으로 맛과 향도 매우 뛰어나다. 그러나 약초의 가지 수가 너무 많고, 다른 약재와의 배합 방법도 다양해서 전체를 섭렵하기에는 일반인으로서 너무 벅찬 분량이 아닐 수 없다. 그래서 터득한 것이 약초마다의 성질과 효능을 고려하여 일반적으로 독성이 없고, 성질이 평하며, 쉽게 구입할 수 있어야 하며, 체질에 적합하여 체력 개선과 건강유지에 도움이 되는 약재를 십여 가지 정도 골라서 번갈아 가며 사용하고 있다.

약초들 중에서도 나에게 가장 적합하다고 고른 약재 중 하나가 바로 구기자(枸杞子)다. 구기자는 더덕, 둥글레, 천문동, 맥문동 등과 함께 대표적인 보음(補陰) 약재이다. 보음약은 음허증(陰虛症)에 주로 쓰는 약인데, 입안이 마르고, 미열이 나는 것, 뺨이 벌개지는 것, 손바닥·발바닥이 화끈거리는 것, 식은 땀, 유정, 기침, 맥이 허삭한 것 등이 그 증상이다. 음허증이란 신음허와 폐음허를 모두 포함한다.

구기자의 효능을 전통한방의서를 통하여 알아보니,

신기를 돕고, 정을 보강하며, 신허로 오는 음위증, 유정, 요통 등에 쓴다. 또한 간을 자양하며 눈을 밝게 한다. 간신허약으로 머리가 어지럽고 눈이 어두우며 눈물이 자주 나올 때 쓴다, 그리고 폐를 눅여주며 기침을 멈춘다. 음허로 오는 폐열기침에 쓴다. 음을 자양하며 만성적인 낮은 열 등이 있을 때 쓴다." -『동의보감』

본초강목의 구기자 성질 및 적응증에는, '맛은 달고 평하다. 폐, 간, 신경에 들어간다.'라고 되어 있고, 향약집성방에는 '내상허로 및 숨찬 것을 낫게 하며, 힘줄과 뼈를 든든하게 한다. 정액과 피를 보하며 얼굴빛을 좋게 하고, 눈을 밝게 하고, 진정작용도 나타낸다.' 라고 기술하고 있다.

나의 경우, 책과 컴퓨터를 많이 보기 때문에 눈이 피로하고 충혈이 될 때, 구기자와 감국을 배합하여 차로 달여 마신다. 그리고 간장을 보할 때에는 구기자와 산수유를 차로 마시며, 기력을 회복시켜야 할 때는 구기자와 숙지황을 적정 배합하여 차로 마시는 경우이다. 현대에는 미세먼지로 인한 폐의 발병률이 높아지고 있다. 이럴 때에는 구기자와 오미자를 배합하여 평소에 차로 마시면 좋다고 한다.

남자들은 대부분 양기를 보하려고 노력한다. 그러나 양의 기운만 세다고 건강한 것은 아니다. 음양의 조화를 만물의 바탕으로 삼는 동양의학에서는 음의 성질도 매우 중요하다. 음이 허해서 건강하지 못한 경우도 많다. 특히, 체질이 태양인, 소양인의 경우는 음을 보하는 데 더 신경써야 한다.

이 '구기자'라는 약재에 대해 조금 깊이 이해하려고 하다 보니, 재미있는 사실 하나를 알게 되었다.

옛 문헌에는 구기자를 '괴좃나모여름'이라고 표기하고, 또 그렇게 불렀다고 한다. 그러니까 구기자의 순우리말이다. '괴좃'이란 튼튼하고 혈기왕성한 젊은이를 지칭하는 말이라고 한다. '나모'는 나무의 사투리이고, '여름'은 열매의 옛날 방언이라고 사전에 나와 있다. 나름대로 풀이한다면, '젊고 혈기왕성한 나무에서 열리는 열매' 또는 '이 나무의 열매는 왕성한 기력과 젊음을 가져다준다.'는 의미일 것 같다. 그렇게 효과를 보려면 오랫동안 꾸준히 먹어야 한다는 단서가 여러 책에서 보인다.

모든 학문은 쉬운 것이 없다, 한방약초도 어렵기는 마찬가지다. 그래도 주저하지 않고 한번 들어가 보면 새로움이 샘솟는 우물과 같다. 퍼내고 퍼내도 궁금함이 다시 그만큼 남아있는 대자연과 같다. 우리의 생명도 그 자연의 일부이고, 몸도 자연체이다. 제 몸과 마음이 이끄는 방향으로 들어가서 나아가 보면 길이 보이고 그 길 위에 비로소 내가 존재하고 있다고 느끼고 알게 되는 것이 자연과 학문의 닮은 점이다. 그래서 약초로 만든 차 한 잔은 나에게 자연의 묘미를 느끼게 하는 큰 깨달음이다.

이 산 시집

괴좆나무여름

2020년 11월 25일 초판 인쇄
2020년 11월 30일 초판 발행

지은이 / 이 산

발행인 / 강병욱
발행처 / 도서출판 교음사

03147 서울 종로구 삼일대로 457 수운회관 1308호
Tel (02) 737-7081, 739-7879(Fax)
e-mail / gyoeum@daum.net

등록 / 제 2007-00052호

* 잘못된 책은 바꾸어 드립니다. 값 12,000 원

ISBN 978-89-7814-813-9 03810

이 도서의 국립중앙도서관 출판예정도서목록(CIP)은 서지정보유통지원시스템 홈페이지(http://seoji.nl.go.kr)와 국가자료공동목록시스템(http://www.nl.go.kr/kolisnet)에서 이용하실 수 있습니다. (CIP제어번호 : CIP2020051854)

- 이 도서는 한국예술인복지재단의 창작준비금을 지원받아 제작되었습니다.